Preeti Rathi

# Conceito de sistema operativo

Preeti Rathi

# Conceito de sistema operativo

ScienciaScripts

**Imprint**



Cover image: www.ingimage.com

This book is a translation from the original published under ISBN 978-620-7-80765-9.

Publisher:
Sciencia Scripts
is a trademark of
Dodo Books Indian Ocean Ltd. and OmniScriptum S.R.L publishing group

120 High Road, East Finchley, London, N2 9ED, United Kingdom
Str. Armeneasca 28/1, office 1, Chisinau MD-2012, Republic of Moldova, Europe
Printed at: see last page
**ISBN: 978-620-8-01530-5**

# Índice

# Capítulo 1: Introdução aos sistemas operativos

## 1.1 Um sistema operativo

Um sistema operativo (SO) é uma camada de software que actua como intermediário entre o hardware do computador e o utilizador. Gere e coordena os recursos de hardware e proporciona um ambiente de fácil utilização para a execução de programas de aplicação. As principais funções de um sistema operativo incluem a gestão da memória, dos processos, dos dispositivos de hardware e dos ficheiros do computador, bem como o fornecimento de uma interface de utilizador e a garantia da segurança e estabilidade do sistema.

**Funções de um sistema operativo:**

1. **Gestão de processos**: Tratamento da criação, programação e encerramento de processos.
2. **Gestão da memória**: Gerir a alocação e desalocação de espaço de memória para vários programas e garantir a utilização eficiente da memória.
3. **Gestão do sistema de ficheiros**: Organizar, armazenar, recuperar e gerir ficheiros de dados em dispositivos de armazenamento.
4. **Gestão de dispositivos**: Controlo e gestão de dispositivos de entrada/saída, como teclados, monitores, impressoras e dispositivos de armazenamento.
5. **Segurança e controlo de acesso**: Proteção de dados e recursos contra o acesso não autorizado e garantia da integridade do sistema.
6. **Interface de utilizador**: Fornecer uma forma de os utilizadores interagirem com o computador, quer através de interfaces de linha de comandos (CLI), quer através de interfaces gráficas de utilizador (GUI).

## 1.2 História do sistema operativo:

A evolução dos sistemas operativos é uma viagem fascinante que reflecte os avanços tecnológicos no hardware dos computadores e as necessidades dos utilizadores. Eis um resumo dos principais marcos na história dos sistemas operativos:

1. **Início (anos 1950-1960)**

- **Sistemas de processamento em lote**: Os primeiros sistemas operativos foram desenvolvidos para computadores mainframe. Eram sistemas de processamento de lotes em que os trabalhos eram recolhidos, processados e produzidos em lotes sem interação do utilizador. Os exemplos incluem o GM- NAA I/O da IBM e o Atlas Supervisor.
- **Programas monitores simples**: Estes eram a forma mais antiga de SO, responsáveis principalmente por carregar programas e executá-los, como o IBM 701.

2. **O advento da multiprogramação (anos 1960-1970)**

- **Sistemas de multiprogramação**: Estes sistemas podiam executar múltiplos trabalhos através da gestão eficiente dos recursos. Os exemplos incluem o Sistema Compatível de Partilha de Tempo (CTSS) e o Serviço de Informação e Computação Multiplexada (MULTICS).
- **Sistemas de partilha de tempo**: Introduziram o conceito de partilha do poder de computação entre vários utilizadores, permitindo a utilização interactiva do computador. O UNIX, desenvolvido em 1969 pela AT&T Bell Labs, é um exemplo notável.

3. **Computadores pessoais e interfaces gráficas de utilizador (década de 1980)**

- **MS-DOS**: O sistema operativo de disco da Microsoft (MS-DOS) foi amplamente utilizado nos PCs IBM.
- **MacOS da Apple**: A Apple introduziu o primeiro sistema operativo baseado em GUI amplamente utilizado com o Macintosh em 1984.
- **Windows**: O Microsoft Windows, começando com o Windows 1.0 em 1985, trouxe interfaces gráficas para o mercado de PCs, evoluindo para o sistema operativo dominante para computadores pessoais.

4. **A ascensão das redes e da Internet (década de 1990)**

- **Linux**: Desenvolvido por Linus Torvalds em 1991, o Linux tornou-se popular pela sua natureza de código aberto e robustez, formando a base para muitas distribuições de SO para servidores e computadores de secretária.

- **Windows NT**: A Microsoft introduziu o Windows NT em 1993, um sistema operativo mais robusto e orientado para a rede que evoluiu para as linhas Windows 2000 e Windows XP.

5. **Sistemas operativos modernos (anos 2000 até ao presente)**

- **Sistemas operativos móveis**: A ascensão dos smartphones trouxe sistemas operativos móveis como o iOS da Apple (2007) e o Android da Google (2008), concebidos especificamente para dispositivos móveis.
- **Nuvem e virtualização**: Os sistemas operativos modernos suportam a computação em nuvem e a virtualização tecnologias. Os exemplos incluem o ESXi da VMware e o Hyper-V da Microsoft.
- **Segurança e eficiência**: O foco passou a ser a melhoria da segurança, da eficiência e da experiência do utilizador. O Windows 10, o macOS e várias distribuições Linux continuam a evoluir com estas prioridades.

## 1.3 Tipos de sistemas operativos:

Os sistemas operativos (SO) podem ser categorizados com base nas suas caraterísticas, funcionalidade e tipo de dispositivos que gerem. Eis os principais tipos:

### 1. Sistemas operativos de lotes

- **Definição**: Executa lotes de trabalhos sem a interação do utilizador.
- **Caraterísticas**:
    - Os trabalhos são processados numa fila de espera.
    - Interação mínima com o utilizador.
    - Exemplos: Os primeiros sistemas da IBM, como o OS/360.

### 2. Sistemas operativos de partilha de tempo

- **Definição**: Permite que vários utilizadores interajam com o computador em simultâneo.
- **Caraterísticas**:
    - Utiliza fatias de tempo para gerir o tempo de CPU entre utilizadores.
    - Sessões interactivas de utilizadores.

- Exemplos: UNIX, Multics.

3. **Sistemas operativos distribuídos**

- **Definição**: Gere um grupo de computadores distintos e faz com que pareçam ser um único computador.
- **Caraterísticas**:
  - Computação distribuída.
  - Partilha de recursos entre computadores ligados em rede.
  - Exemplos: Amoeba, Plan 9, Microsoft Azure.

4. **Sistemas operativos de rede**

- **Definição**: Fornece capacidades de ligação em rede aos computadores.
- **Caraterísticas**:
  - Facilita a comunicação em rede e a partilha de recursos.
  - Exemplos: Novell NetWare, Windows Server, UNIX.

5. **Sistemas operativos em tempo real (RTOS)**

- **Definição**: Responde ao input num período de tempo específico.
- **Caraterísticas**:
  - Tempo de resposta determinístico.
  - Utilizado em sistemas incorporados e aplicações de tempo crítico.
  - Exemplos: VxWorks, QNX, RTLinux.

6. **Sistemas operativos incorporados**

- **Definição**: Concebido para funcionar em sistemas informáticos incorporados.
- **Caraterísticas**:
  - Design minimalista.
  - Elevada eficiência e fiabilidade.
  - Exemplos: Linux incorporado, Windows Embedded, FreeRTOS.

7. **Sistemas operativos de secretária**

- **Definição**: Concebido para computadores pessoais e estações de trabalho.
- **Caraterísticas**:
  - Interface gráfica do utilizador (GUI).
  - Suporta uma vasta gama de aplicações e actividades dos utilizadores.
  - Exemplos: Windows, macOS, distribuições Linux como o Ubuntu.

8. **Sistemas operativos móveis**

- **Definição**: Concebido especificamente para dispositivos móveis.
- **Caraterísticas**:
  - Optimizado para interfaces tácteis e hardware móvel.
  - Inclui funcionalidades para comunicação móvel e aplicações.
  - Exemplos: Android, iOS, Windows Phone.

9. **Sistemas operativos de mainframe**

- **Definição**: Concebido para ambientes de computação em grande escala.
- **Caraterísticas**:
  - Gere operações de E/S extensas.
  - Suporta milhares de utilizadores em simultâneo.
  - Exemplos: IBM z/OS, Unisys OS 2200.

10. **Sistemas operativos em nuvem**

- **Definição**: Concebido para gerir recursos e serviços na nuvem.
- **Caraterísticas**:
  - Fornece virtualização e gestão de recursos.
  - Exemplos: OpenStack, Microsoft Azure, Google Cloud OS.

### 1.4 Serviços do sistema operativo:

Os sistemas operativos fornecem uma variedade de serviços para garantir a utilização eficiente e eficaz do sistema informático. Estes serviços podem ser categorizados em termos gerais com base nas suas funcionalidades. Segue-se uma visão geral dos principais serviços fornecidos pelos sistemas operativos:

1. **Execução do programa**

- **Definição**: O SO fornece o ambiente no qual os programas podem ser executados.
- **Funções**:
  - Carregamento de programas na memória.
  - Programação do tempo da CPU.
  - Gerir a execução de programas, incluindo a mudança de contexto.

2. **Operações de E/S**

- **Definição**: Gestão das operações de entrada e saída.
- **Funções**:
  - Fornecimento de uma interface normalizada para controladores de dispositivos.
  - Facilitar a leitura e a escrita de dados em dispositivos de E/S.
  - Tratamento de interrupções de dispositivos.

3. **Manipulação do sistema de ficheiros**

- **Definição**: Gestão de ficheiros em dispositivos de armazenamento.
- **Funções**:
  - Criação, eliminação, leitura e escrita de ficheiros.
  - Gestão de diretórios.
  - Controlo de acesso e permissões.

4. **Serviços de comunicação**

- **Definição**: Permite a comunicação entre processos.
- **Funções**:
  - Mecanismos de comunicação entre processos (IPC) como pipes, filas de mensagens e memória partilhada.
  - Protocolos de comunicação em rede.

- Chamadas de procedimento remoto (RPCs).

5. **Deteção e tratamento de erros**

- **Definição**: Monitorizar o sistema para detetar erros e tomar medidas corretivas.
- **Funções**:
  - Deteção de erros de hardware e software.
  - Erros de registo.
  - Recuperação de erros para manter a estabilidade do sistema.

6. **Atribuição de recursos**

- **Definição**: Gestão e atribuição de recursos do sistema.
- **Funções**:
  - Programação da CPU.
  - Gestão da memória (atribuição e anulação de atribuição).
  - Gestão de filas de espera de dispositivos.

7. **Contabilidade**

- **Definição**: Manter um registo da utilização do sistema.
- **Funções**:
  - Registo da utilização de recursos para faturação e auditoria.
  - Monitorização das actividades dos utilizadores.
  - Geração de relatórios de utilização.

8. **Segurança e proteção**

- **Definição**: Assegurar a proteção e a segurança dos dados e dos recursos.
- **Funções**:
  - Autenticação e autorização do utilizador.
  - Mecanismos de controlo do acesso.
  - Encriptação de dados e comunicação segura.

9. **Interface do utilizador**

- **Definição**: Fornecimento de uma interface para interação com o utilizador.
- **Funções**:
  - Interface de linha de comandos (CLI) para interação baseada em texto.
  - Interface gráfica do utilizador (GUI) para interação visual.
  - Chamadas de sistema para acesso programático.

**10. Ligação em rede**

- **Definição**: Facilitar as comunicações e os serviços de rede.
- **Funções**:
  - Implementação de protocolos de rede.
  - Gerir ligações de rede.
  - Fornecimento de serviços de rede como DNS, DHCP e FTP.

**Referências:**

**Livros**


1. "Operating System Concepts" de Abraham Silberschatz, Peter B. Galvin e Greg Gagne
2. "Modern Operating Systems" de Andrew S. Tanenbaum e Herbert Bos
3. "Operating Systems: Design and Implementation" de Andrew S. Tanenbaum e Albert S. Woodhull
4. "The Design of the UNIX Operating System" de Maurice J. Bach
5. "Linux Kernel Development" por Robert Love


**Recursos online**


1. "A Arte da Programação Unix" de Eric S. Raymond
2. "Sistemas Operativos: Three Easy Pieces" por Remzi H. Arpaci-Dusseau e Andrea C. Arpaci-Dusseau
3. "Linux From Scratch" (Linux do zero)
4. MIT Open Courseware - "Engenharia de sistemas operativos"

# Capítulo 2: Estruturas do sistema

## 2.1 Componentes do sistema:

### Definição de um sistema

Um sistema é um conjunto de componentes inter-relacionados que trabalham em conjunto para um objetivo comum, aceitando inputs e produzindo outputs num processo de transformação organizado. Em informática, um sistema refere-se normalmente à combinação de hardware, software, dados e procedimentos que trabalham em conjunto para realizar um conjunto de tarefas.

### 2. Tipos de sistemas

- **Sistemas físicos**: Entidades tangíveis que podem ser tocadas e medidas. Exemplo: Hardware de computador.
- **Sistemas abstractos**: Entidades conceptuais que existem apenas na mente. Exemplo: Sistemas de software.

### 3. Componentes de um sistema

- **Hardware**: Os componentes físicos de um sistema, como o computador, os dispositivos de armazenamento e os periféricos.
- **Software**: O conjunto de instruções que diz ao hardware o que fazer. Inclui sistemas operativos, aplicações e utilitários.
- **Dados**: A informação processada pelo sistema. Os dados podem ser armazenados sob várias formas, como ficheiros, bases de dados e multimédia.
- **Procedimentos**: As políticas e os métodos que regem o funcionamento e a utilização do sistema.
- **Pessoas**: Utilizadores que interagem com o sistema. Isto inclui administradores de sistemas, programadores e utilizadores finais.

### 4. Caraterísticas de um sistema

- **Limites**: Os limites que definem o sistema e o distinguem do seu ambiente.
- **Ambiente**: Tudo o que está fora dos limites do sistema e que o afecta.

- **Interfaces**: Pontos de interação entre o sistema e o seu ambiente ou entre subsistemas.
- **Entrada e saída**: Recursos recebidos e produtos produzidos pelo sistema. As entradas são transformadas em saídas através do processamento.
- **Feedback**: Informação sobre a produção utilizada para fazer ajustamentos às entradas ou às actividades de processamento para alcançar as produções desejadas.

## 5. Tipos de sistemas em informática

- **Sistemas operativos (SO)**: Software que gere os recursos de hardware e software do computador, fornecendo serviços para programas de computador.
- **Sistemas de informação**: Sistemas que gerem a informação dentro de uma organização. Os exemplos incluem sistemas de gestão de bases de dados (DBMS) e sistemas de planeamento de recursos empresariais (ERP).
- **Sistemas de controlo**: Sistemas que gerem, comandam, dirigem ou regulam o comportamento de outros dispositivos ou sistemas. Os exemplos incluem sistemas incorporados e sistemas de controlo industrial.

## 6. Teoria dos sistemas

- **Teoria dos sistemas**: Um estudo interdisciplinar de sistemas como eles se relacionam uns com os outros dentro de um sistema maior e mais complexo. Dá ênfase à interdependência e à interação dos componentes dos sistemas.
  - **Subsistemas**: Sistemas mais pequenos dentro de um sistema maior.
  - **Supra-sistema**: Um sistema maior que engloba um ou mais subsistemas.

## 7. Ciclo de vida de um sistema

- **Ciclo de vida de desenvolvimento de sistemas (SDLC)**: O processo de desenvolvimento e manutenção de sistemas de informação. Inclui fases como o planeamento, a análise, a conceção, a implementação, os testes, a implantação e a manutenção.

## 8. Abordagem de sistemas

- **Visão holística**: Considerar todo o sistema, incluindo o seu ambiente e interações com outros sistemas, em vez de se concentrar em componentes individuais.
- **Integração**: Assegurar que os vários componentes do sistema funcionam em conjunto de forma eficaz e eficiente.
- **Otimização**: Fazer a melhor ou mais eficaz utilização dos recursos para atingir os objectivos do sistema.

## 9. Modelos de sistema

- **Modelo físico**: Uma representação tangível do sistema, como um protótipo.
- **Modelo matemático**: Uma representação matemática do sistema, frequentemente utilizada para simulação e análise.
- **Modelo concetual**: Uma representação abstrata do sistema, como diagramas e fluxogramas.

## 10. Importância dos sistemas na informática

- **Eficiência**: Os sistemas ajudam a melhorar a eficiência através da automatização de processos e da otimização da utilização de recursos.
- **Escalabilidade**: Os sistemas bem concebidos podem ser escalados para lidar com o aumento da carga e da complexidade.
- **Fiabilidade**: Os sistemas podem proporcionar um desempenho fiável e consistente, reduzindo o risco de erros e tempo de inatividade.
- **Segurança**: Os sistemas podem incluir medidas para proteger os dados e os recursos contra o acesso não autorizado e as ameaças.

## 2.2 Serviços do sistema operativo:

Os sistemas operativos fornecem uma gama de serviços que facilitam a execução eficiente de programas e gerem os recursos de um sistema informático. Estes serviços podem ser categorizados em várias áreas-chave:

1. **Execução do programa**

- **Carregamento**: O SO carrega programas na memória para execução.
- **Execução**: O SO trata da execução dos programas, fornecendo os recursos necessários e assegurando o seu correto funcionamento.
- **Multitarefa**: Suporte para execução de vários programas ao mesmo tempo.

2. **Operações de E/S**

- **Gestão de dispositivos**: O sistema operativo gere os dispositivos de entrada e saída, permitindo que os programas interajam com o hardware sem necessitarem de conhecer os detalhes do dispositivo.
- **Buffering e Spooling**: Armazenamento temporário de dados para gerir as diferenças de velocidade entre os dispositivos e a CPU.

3. **Manipulação do sistema de ficheiros**

- **Operações com ficheiros**: Criação, eliminação, leitura, escrita e modificação de ficheiros.
- **Operações de diretório**: Criação, eliminação e gestão de diretórios.
- **Controlo de acesso**: Assegurar que os ficheiros são acedidos por utilizadores autorizados.

4. **Comunicação**

- **Comunicação entre processos (IPC)**: Mecanismos para que os processos se comuniquem e sincronizem entre si, como memória compartilhada, passagem de mensagens e semáforos.
- **Rede**: Suporte para protocolos de comunicação em rede, permitindo a comunicação entre processos em diferentes máquinas.

5. **Deteção e tratamento de erros**

- **Deteção**: Identificação de erros na CPU, memória, dispositivos de E/S ou software.
- **Recuperação**: Tomar medidas adequadas para lidar com erros, como terminar um processo ofensivo ou reiniciar um serviço.

6. **Atribuição de recursos**

- **Agendamento da CPU**: Decidir que processo é executado num determinado momento.
- **Gerenciamento de memória**: Atribuição e desalocação de espaço de memória conforme necessário para os programas.
- **Atribuição de dispositivos**: Gerir o acesso a dispositivos de hardware.

7. **Proteção e segurança**

- **Autenticação do utilizador**: Verificar a identidade dos utilizadores para garantir o controlo do acesso.
- **Controlo de acesso**: Assegurar que os utilizadores e programas têm as permissões necessárias para aceder aos recursos.
- **Segurança de dados**: Proteção dos dados contra o acesso não autorizado e garantia da integridade dos dados.

8. **Interface do utilizador**

- **Interface de linha de comando (CLI)**: Permite que os utilizadores interajam com o sistema através de comandos de texto.
- **Interface gráfica do utilizador (GUI)**: Fornecimento de uma interface visual com janelas, ícones e menus para interação com o utilizador.
- **Interface Batch**: Permite aos utilizadores submeter trabalhos para execução posterior.

9. **Contabilidade**

- **Monitorização da utilização**: Acompanhamento da utilização de recursos por vários utilizadores e processos.
- **Faturação e gestão de quotas**: Implementação de políticas para cobrar aos utilizadores a utilização de recursos ou limitar o seu consumo.

## 2.3 Chamadas de sistema:

As chamadas de sistema fornecem uma interface entre um programa em execução e o sistema operativo. Permitem que os processos ao nível do utilizador solicitem serviços ao kernel, tais como operações de ficheiros, controlo de processos e comunicação. As chamadas de sistema são essenciais para o funcionamento do sistema operativo, pois permitem a transição do modo de utilizador para o modo de kernel, onde o SO pode executar operações privilegiadas. Aqui está uma visão geral detalhada das chamadas de sistema:

## 1. Controlo de processos

Chamadas de sistema relacionadas com a gestão e o controlo de processos:

- **fork()**: Cria um novo processo duplicando o processo de chamada.
- **exec()**: Substitui a imagem do processo atual por uma nova imagem de processo.
- **wait()**: Aguarda o término de um processo filho.
- **exit()**: Termina um processo.
- **getpid()**: Obtém o ID do processo de chamada.
- **kill()**: Envia um sinal a um processo para terminar ou executar alguma ação.
- **nice()**: Define a prioridade de um processo.

## 2. Gestão de ficheiros

Chamadas de sistema relacionadas com operações e gestão de ficheiros:

- **open()**: Abre um ficheiro.
- **close()**: Fecha um ficheiro aberto.
- **read()**: Lê dados de um ficheiro.
- **write()**: Escreve dados para um ficheiro.
- **lseek()**: Reposiciona o offset de um ficheiro aberto.
- **stat()**: Recupera o estado do ficheiro.
- **unlink()**: Elimina um ficheiro.
- **mkdir()**: Cria um novo diretório.
- **rmdir()**: Remove um diretório.
- **rename()**: Renomeia um ficheiro ou diretório.

## 3. Gestão de dispositivos

Chamadas de sistema para interagir com dispositivos de E/S e controlá-los:

- **ioctl()**: Operações de entrada/saída específicas do dispositivo.
- **read()**: Lê a partir de um dispositivo.
- **write()**: Escreve para um dispositivo.

## 4. Manutenção da informação

Chamadas de sistema que fornecem informações sobre o sistema e os processos:

- **gettimeofday()**: Obtém a hora atual.
- **settimeofday()**: Define a hora atual.
- **uname()**: Obtém informações sobre o sistema.
- **getuid()**: Obtém o ID do utilizador do processo de chamada.
- **getgid()**: Obtém o ID do grupo do processo de chamada.

## 5. Comunicações

Chamadas de sistema que facilitam a comunicação entre processos:

- **pipe()**: Cria um canal de dados unidirecional (pipe).
- **shmget()**: Atribui um segmento de memória partilhada.
- **shmat()**: Anexa um segmento de memória compartilhada ao espaço de endereço do processo de chamada.
- **shmdt()**: Retira um segmento de memória partilhada.
- **msgget()**: Atribui uma fila de mensagens.
- **msgsnd()**: Envia uma mensagem para uma fila de mensagens.
- **msgrcv()**: Recebe uma mensagem de uma fila de mensagens.
- **socket()**: Cria um endpoint para comunicação.
- **bind()**: Vincula um socket a um endereço.
- **listen()**: Escuta conexões em um soquete.
- **accept()**: Aceita uma conexão em um soquete.
- **connect()**: Liga um socket a um endereço remoto.

6. **Proteção**

Chamadas de sistema que aplicam mecanismos de proteção:

- **chmod()**: Altera as permissões de um ficheiro.
- **chown()**: Altera o proprietário de um ficheiro.
- **umask()**: Define a máscara de criação do modo de ficheiro.

## 2.4 Programas do sistema:

Os programas de sistema (ou utilitários de sistema) são um conjunto de programas utilizados para gerir, manter e controlar o sistema informático e os seus recursos. Fornecem uma camada de suporte para os programas de aplicação e facilitam a interação entre o hardware e o software. Aqui estão alguns dos principais tipos de programas de sistema:

1. **Programas de gestão de ficheiros**

Estes programas ajudam a gerir ficheiros e diretórios num sistema informático.

- **Navegadores de ficheiros**: Aplicações como o Explorador do Windows ou o Finder do macOS que permitem aos utilizadores navegar, copiar, mover e eliminar ficheiros e diretórios.
- **Arquivadores**: Programas como o WinRAR, 7-Zip e tar que comprimem e descomprimem ficheiros.

2. **Editores de texto**

Estes são utilizados para criar e editar ficheiros de texto.

- **Editores de texto simples**: Notepad (Windows), TextEdit (macOS).
- **Editores de texto avançados**: Vim, Emacs, Sublime Text e Atom.

3. **Programas de monitorização do sistema**

Estes programas fornecem informações sobre o desempenho e a utilização do sistema.

- **Gestores de tarefas**: Gestor de tarefas (Windows), Monitor de atividade (macOS), htop

(Linux).

- **Monitores de sistema**: Monitor de recursos (Windows), top (Unix/Linux).

**4. Programas de gestão de dispositivos**

Estes programas gerem o funcionamento e a interação de vários dispositivos de hardware.

- **Drivers de dispositivos**: Software que permite que o sistema operativo comunique com dispositivos de hardware.
- **Gestores de dispositivos**: Programas como o Gestor de Dispositivos (Windows) que permitem aos utilizadores ver e controlar o hardware ligado ao computador.

**5. Programas de segurança**

Estes programas ajudam a proteger o sistema informático de acessos não autorizados e ameaças.

- **Software antivírus**: Programas como o Norton, McAfee e Bitdefender.
- **Firewalls**: Software ou hardware que monitoriza e controla o tráfego de entrada e saída da rede com base em regras de segurança pré-determinadas.

**6. Programas de comunicação**

Estes permitem o intercâmbio de dados entre computadores e dispositivos.

- **Gestores de rede**: Ferramentas como o Centro de Rede e Partilha (Windows) e o ifconfig (Linux) para gerir ligações de rede.
- **Programas de acesso remoto**: Programas como o SSH (Secure Shell) e o RDP (Remote Desktop Protocol) para aceder a um computador remotamente.

**7. Programas de utilidade pública**

Estes fornecem funcionalidades adicionais para gerir, manter e otimizar o sistema informático.

- **Ferramentas de limpeza de disco**: Programas como o Disk Cleanup (Windows) e o CleanMyMac (macOS) que removem ficheiros desnecessários.

- **Ferramentas de desfragmentação**: Programas como o Defraggler e o desfragmentador incorporado no Windows para reorganizar os dados fragmentados no disco rígido.
- **Software de cópia de segurança**: Ferramentas como o Acronis True Image, Time Machine (macOS) e Windows Backup para criar cópias de segurança de dados.

**8. Ferramentas de desenvolvimento**

Estes programas são utilizados para desenvolver, depurar e manter outros programas e aplicações.

- **Compiladores**: Programas como o GCC (GNU Compiler Collection) e o Microsoft Visual C++.
- **Depuradores**: Ferramentas como o GDB (GNU Debugger) e o Visual Studio Debugger.
- **Ambientes de desenvolvimento integrado (IDEs)**: Aplicações como o Eclipse, IntelliJ IDEA e Visual Studio.

**9. Programas de configuração e manutenção**

Estas ajudam a configurar as definições do sistema e a efetuar tarefas de manutenção.

- **Ferramentas de configuração do sistema**: Utilitários como o msconfig (Windows) e o systemd (Linux) para gerir os processos de arranque e as configurações do sistema.
- **Gerenciadores de pacotes**: Ferramentas como o apt (Advanced Package Tool) nas distribuições Linux baseadas em Debian e o Homebrew no macOS para gerir a instalação e as actualizações de software.

**Referências:**

**Livros**


6. "Operating System Concepts" de Abraham Silberschatz, Peter B. Galvin e Greg Gagne
7. "Modern Operating Systems" de Andrew S. Tanenbaum e Herbert Bos
8. "Operating Systems: Design and Implementation" de Andrew S. Tanenbaum e Albert S. Woodhull
9. "The Design of the UNIX Operating System" de Maurice J. Bach
10. "Linux Kernel Development" por Robert Love


**Recursos online**


5. "A Arte da Programação Unix" de Eric S. Raymond
6. "Sistemas Operativos: Three Easy Pieces" por Remzi H. Arpaci-Dusseau e Andrea C. Arpaci-Dusseau
7. "Linux From Scratch" (Linux do zero)
8. MIT Open Courseware - "Engenharia de sistemas operativos"

# Capítulo 3: Gestão de processos

## 3.1 Conceito de processo:

O conceito de processo é fundamental para o funcionamento de um sistema operativo (SO). Um processo pode ser definido como uma instância de um programa em execução. Inclui o código do programa e a sua atividade atual, representada pelo valor do contador do programa, o conteúdo dos registos do processador e as variáveis armazenadas na memória. Aqui está uma visão detalhada do conceito de processo num SO:

### 1. Definição de um processo

Um processo é uma entidade dinâmica que representa um programa em execução. É mais do que apenas o código do programa (também chamado de secção de texto); inclui:

- **Contador de programas (PC)**: Indica a próxima instrução a ser executada.
- **Pilha de processos**: Contém dados temporários, como parâmetros de funções, endereços de retorno e variáveis locais.
- **Secção de dados**: Contém variáveis globais.
- **Heap**: Utilizado para a atribuição dinâmica de memória.

### 2. Estado do processo

Um processo pode estar num de vários estados durante o seu tempo de vida:

- **Novo**: O processo está a ser criado.
- **Em execução**: As instruções estão a ser executadas.
- **Em espera**: O processo está à espera que ocorra algum evento (como uma conclusão de E/S ou um sinal).
- **Pronto**: O processo está à espera de ser atribuído a um processador.
- **Terminado**: O processo terminou a execução.

### 3. Bloco de controlo do processo (PCB)

O PCB é uma estrutura de dados utilizada pelo SO para armazenar todas as informações sobre um processo. Normalmente, contém:

- **Estado do processo**: Estado atual do processo.
- **Contador de programas**: Endereço da próxima instrução a ser executada.
- **Registos da CPU**: Conteúdo dos registos.
- **Informações de gerenciamento de memória**: Informações sobre o espaço de memória do processo.
- **Informações contabilísticas**: Utilização da CPU, ID do processo, etc.
- **Informações de estado de E/S**: Lista de dispositivos de E/S atribuídos ao processo.

### 4. Programação de processos

O sistema operacional usa algoritmos de agendamento para determinar quais processos são executados em um determinado momento. O objetivo principal é maximizar a utilização da CPU e garantir uma atribuição justa do tempo de CPU. Os tipos de agendadores incluem:

- **Programador a longo prazo (Job Scheduler)**: Decide que trabalhos ou processos são introduzidos no sistema.
- **Agendador de curto prazo (Agendador da CPU)**: Decide qual dos processos prontos, na memória, será executado pela CPU em seguida.
- **Agendador de médio prazo**: Gerencia a troca de processos dentro e fora da memória para otimizar o desempenho.

### 5. Mudança de contexto

Quando o SO muda a CPU de um processo para outro, ele executa uma troca de contexto. Isso envolve salvar o estado do processo atual (no PCB) e carregar o estado do próximo processo a ser executado. A comutação de contexto é uma sobrecarga porque não contribui diretamente para a execução dos processos do utilizador.

### 6. Criação e encerramento de processos

- **Criação de processos**: Os processos são criados pelo sistema operacional usando chamadas de sistema (por exemplo, fork() em sistemas baseados em Unix). O processo criador é chamado de pai, e o processo criado é chamado de filho.
- **Encerramento do processo**: Um processo pode terminar ao concluir a execução ou

ao ser morto por outro processo. Após o término, os recursos alocados para o processo são recuperados pelo sistema operacional.

**7. Comunicação entre processos (IPC)**

Os processos precisam frequentemente de comunicar uns com os outros. Os mecanismos de IPC incluem:

- **Memória partilhada**: Vários processos podem aceder a um espaço de memória comum.
- **Passagem de mensagens**: Os processos comunicam através do envio e receção de mensagens (por exemplo, pipes, filas de mensagens, sockets).

**8. Sincronização de processos**

Os processos podem precisar de ser sincronizados para garantir uma execução correta (por exemplo, ao aceder a recursos partilhados). Os mecanismos incluem:

- **Semáforos**: Utilizados para sinalizar a disponibilidade de recursos.
- **Mutexes**: Asseguram a exclusão mútua, impedindo o acesso simultâneo a um recurso.
- **Monitores**: Construções de sincronização de alto nível.

## 3.2 Programação de processos:

O escalonamento de processos é uma função fundamental do sistema operacional que determina a ordem em que os processos são executados pela CPU. O principal objetivo do agendamento de processos é maximizar a utilização da CPU, garantir a execução eficiente dos processos e fornecer um desempenho equilibrado do sistema. Aqui está uma visão detalhada do agendamento de processos:

**1. Tipos de programadores**

**Programador a longo prazo (Job Scheduler)**

- **Objetivo**: Determina quais os processos que são admitidos no sistema para processamento.
- **Frequência**: Funciona com pouca frequência.

- **Função**: Controla o grau de multiprogramação (o número de processos na memória).
- **Exemplo**: Seleção de trabalhos em lote para introduzir no sistema a partir da fila de trabalhos.

**Programador de curto prazo (Programador da CPU)**

- **Objetivo**: Determina qual dos processos prontos, na memória, deve ser executado pela CPU a seguir.
- **Frequência**: É executado com muita frequência (milissegundos).
- **Função**: Atribui tempo de CPU a vários processos na fila de espera.
- **Exemplo**: Escolher o próximo processo a ser executado a partir da fila de espera.

**Programador a médio prazo**

- **Objetivo**: Gere a troca de processos dentro e fora da memória para otimizar o desempenho.
- **Frequência**: É executado com menos frequência do que o agendador de curto prazo.
- **Função**: Trata de processos no estado suspenso.
- **Exemplo**: Trocar um processo para o disco quando o sistema está sobrecarregado e trazê-lo de volta quando os recursos estão disponíveis.

## 2. Critérios de programação

- **Utilização da CPU**: Manter a CPU o mais ocupada possível.
- **Taxa de transferência**: Número de processos concluídos por unidade de tempo.
- **Tempo de execução**: Tempo total necessário para a conclusão de um processo, desde a apresentação até à conclusão.
- **Tempo de espera**: Tempo total que um processo passa na fila de espera.
- **Tempo de resposta**: Tempo decorrido entre a apresentação de um pedido e a produção da primeira resposta.
- **Equidade**: Assegurar que cada processo recebe uma parte justa do tempo de CPU.

## 3. Algoritmos de programação

**Primeiro a chegar, primeiro a ser servido (FCFS)**

- **Descrição**: Os processos são executados pela ordem da sua chegada.
- **Vantagens**: Simples e fácil de implementar.
- **Desvantagens**: Pode dar origem a longos tempos de espera (efeito de comboio).

**Trabalho mais curto seguinte (SJN) / Trabalho mais curto primeiro (SJF)**

- **Descrição**: Executa o processo com o tempo de execução mais curto a seguir.
- **Vantagens**: Minimiza o tempo médio de espera.
- **Desvantagens**: Difícil de prever a duração do próximo pico de CPU; pode levar à inanição de processos mais longos.

**Programação de prioridades**

- **Descrição**: Executa processos com base na prioridade.
- **Vantagens**: Pode garantir que processos importantes sejam executados mais cedo.
- **Desvantagens**: Pode levar à inanição de processos de baixa prioridade (resolvido pelo envelhecimento).

**Round Robin (RR)**

- **Descrição**: Cada processo recebe uma pequena unidade de tempo de CPU (quantum de tempo), os processos são executados numa ordem cíclica.
- **Vantagens**: Justo e com bom tempo de resposta.
- **Desvantagens**: Pode ter tempos de execução elevados, especialmente com um grande número de processos.

**Programação de filas multinível**

- **Descrição**: Os processos são divididos em diferentes filas com base nas suas caraterísticas (por exemplo, processos em primeiro plano e em segundo plano), cada uma com o seu próprio algoritmo de agendamento.
- **Vantagens**: Pode fornecer diferentes níveis de serviço para diferentes tipos de processos.
- **Desvantagens**: Complexidade de implementação e gestão.

**Programação de filas de espera com feedback multinível**

- **Descrição**: Os processos podem mover-se entre filas com base no seu comportamento e requisitos.
- **Vantagens**: Mais flexível e adaptável do que a programação de filas multinível.
- **Desvantagens**: Complexidade de implementação e gestão.

**Tempo restante mais curto primeiro (SRTF)**

- **Descrição**: Versão preventiva do SJF; seleciona o processo com o menor tempo restante para a conclusão.
- **Vantagens**: Óptima em termos de minimização do tempo médio de espera.
- **Desvantagens**: Pode ser complexo estimar com exatidão os tempos restantes.

**Prazo mais curto primeiro (EDF)**

- **Descrição**: Algoritmo de programação dinâmica utilizado principalmente em sistemas de tempo real; seleciona o processo com o prazo mais curto.
- **Vantagens**: Garante o cumprimento dos prazos se o sistema for programável.
- **Desvantagens**: Exige informações exactas sobre os prazos e a sua aplicação pode ser complexa.

### 4. Mudança de contexto

Quando a CPU muda de um processo para outro, o sistema operativo executa uma mudança de contexto. Isso envolve:

- Guardar o estado do processo atualmente em execução.
- Carregamento do estado do processo seguinte a ser executado.
- A comutação de contexto é uma sobrecarga, uma vez que consome ciclos da CPU sem realizar trabalho útil para os processos do utilizador.

### 3.3 Operações em processos:

As operações sobre processos são essenciais para gerir o ciclo de vida e o comportamento dos processos num sistema operativo. Estas operações incluem a criação, o encerramento e a gestão de processos à medida que estes são executados. Aqui está uma visão geral das principais operações sobre processos:

1. **Bifurcação da criação de processos**

- **Chamada de sistema fork()**: Em sistemas operacionais do tipo Unix, fork() é usada para criar um novo processo. O novo processo, chamado de filho, é uma duplicata do processo de chamada, chamado de pai.
- **Duplicado**: O processo filho recebe uma cópia do espaço de endereço do pai, incluindo o contador de programa, a pilha e o heap.
- **Valores de retorno**: fork() retorna um zero para o processo filho e o PID do filho para o processo pai.

**Execução**

- **Família de chamadas de sistema exec()**: Estas chamadas de sistema substituem a imagem do processo atual por uma nova imagem de processo. As variantes incluem execl(), execp() e execv().
- **Substituindo a imagem do processo**: Após uma chamada exec() bem-sucedida, o ID do processo (PID) permanece o mesmo, mas o código do programa, os dados e a pilha são substituídos pelo novo programa.

**Exemplo em Unix/Linux:**

```
pid_t pid = fork(); se (pid == 0) {

// Processo filho execl("/bin/ls", "ls", NULL);

} else if (pid > 0) {

// Processo principal

wait(NULL); // Espera que a criança termine

} else {

// Fork falhou perror("fork");
```

}

**2. Encerramento do processo Encerramento normal**

- **Chamada de sistema exit()**: Um processo pode terminar a si mesmo usando a chamada de sistema exit(). Isso libera os recursos do processo e retorna um status de saída para o processo pai.
- **Declaração de retorno**: Na função principal, devolver um valor é equivalente a chamar exit().

**Rescisão forçada**

- **Chamada de sistema abort()**: Um processo pode ser encerrado à força usando abort().
- **Sinais**: Um processo pode ser terminado através da receção de certos sinais (por exemplo, SIGKILL, SIGTERM).

**Exemplo em Unix/Linux:**

```
#include <stdlib.h> int main() {

// Terminação normal exit(0);

}
```

**3. Sincronização e comunicação de processos Comunicação entre processos (IPC)**

- **Memória partilhada**: Vários processos podem aceder a um espaço de memória comum.
- **Passagem de mensagens**: Os processos podem enviar e receber mensagens (por exemplo, usando pipes, filas de mensagens, sockets).

**Mecanismos de sincronização**

- **Semáforos**: Utilizados para controlar o acesso a recursos partilhados.
- **Mutexes**: Assegurar a exclusão mútua para evitar condições de corrida.
- **Monitores**: Construções de sincronização de alto nível que combinam mutexes e

variáveis de condição.

**Exemplo de utilização de Pipes em Unix/Linux:**

```
#include <unistd.h> #include <stdio.h>

int main() {

int pipefd[2]; char buffer[128]; pipe(pipefd);



pid_t pid = fork(); se (pid == 0) {

// Processo filho

close(pipefd[1]); // Fecha o fim da escrita read(pipefd[0], buffer, sizeof(buffer));

printf("Child received: %s\n", buffer);

                                                    close(pipefd[0]);
                                                 } else if (pid > 0) {
                                                  // Processo principal

close(pipefd[0]); // Fechar leitura final write(pipefd[1], "Hello, Child!", 13);

close(pipefd[1]);

wait(NULL); // Espera pela criança

}
retorno 0;

}
```

### 4. Gestão de processos À espera de um processo

- **wait() e waitpid()**: Um processo pai pode esperar pelo término de um processo filho e obter o seu estado de saída.

**Exemplo em Unix/Linux:**

```
#include <sys/types.h> #include <sys/wait.h> #include <unistd.h> #include <stdio.h>

int main() {

pid_t pid = fork(); se (pid == 0) {

// Processo filho

_exit(0);

} else if (pid > 0) {

// Processo pai int status; wait(&status);

se (WIFEXITED(status)) {

printf("A criança saiu com o estatuto: %d\n", WEXITSTATUS(status));

}
}

retorno 0;

}
```

### 5. Suspensão e retomada de processos Suspensão de um processo

- **Sinais**: Um processo pode ser suspenso usando sinais como SIGSTOP.
- **Chamadas de sistema**: Funções como kill() podem enviar sinais para processos.

**Reiniciar um processo**

- **Sinais**: Um processo suspenso pode ser retomado usando sinais como SIGCONT.

## 3.4 Comunicação entre processos:

A Comunicação entre Processos (IPC) é um mecanismo que permite aos processos comunicar e sincronizar as suas acções. A IPC é essencial em um ambiente multitarefa, onde vários processos precisam compartilhar dados ou recursos. Veja a seguir os mecanismos comuns de IPC:

### 1. Tubos

Os pipes são uma forma simples de IPC que permite que os dados sejam transmitidos entre processos.

- **Pipes anónimos**: Normalmente usados para comunicação entre processos pai e filho.
- **Pipes nomeados (FIFOs)**: Podem ser usados para comunicação entre processos não relacionados.

**Exemplo de utilização de pipes anónimos em Unix/Linux:**

```
#include <unistd.h> #include <stdio.h> #include <stdlib.h>



int main() {

int pipefd[2]; char buffer[128]; pipe(pipefd);



pid_t pid = fork(); se (pid == 0) {

// Processo filho

close(pipefd[1]); // Fechar fim de escrita read(pipefd[0], buffer, sizeof(buffer));

printf("Child received: %s\n", buffer); close(pipefd[0]);
```

```
_exit(0);

} else if (pid > 0) {

// Processo principal

close(pipefd[0]); // Fechar leitura final write(pipefd[1], "Hello, Child!", 13);

close(pipefd[1]);

wait(NULL); // Espera que a criança termine

}

retorno 0;

}
```

## 2. Passagem de mensagens

A passagem de mensagens envolve o envio e a receção de mensagens entre processos.

- **Filas de mensagens**: Permitem que os processos enviem e recebam mensagens de forma estruturada.

**Exemplo de utilização de filas de mensagens em Unix/Linux:**

```
#include <sys/types.h> #include <sys/ipc.h> #include <sys/msg.h> #include <stdio.h>

#include <stdlib.h> #include <string.h>


struct msgbuf { long mtype;
```

```
char mtext[100];

};

int main() {

key_t key = ftok("progfile", 65);

int msgid = msgget(key, 0666 | IPC_CREAT); struct msgbuf message;


se (fork() == 0) {

// Processo filho message.mtype = 1;

strcpy(message.mtext, "Hello, Parent!"); msgsnd(msgid, &message, sizeof(message), 0);

printf("Child sent: %s\n", message.mtext); exit(0);

} else {

// Processo pai wait(NULL);

msgrcv(msgid, &message, sizeof(message), 1, 0); printf("Parent received: %s\n",

message.mtext);

msgctl(msgid, IPC_RMID, NULL); // Destruir a fila de mensagens

}

retorno 0;

}
```

**3. Memória partilhada**

A memória partilhada permite que vários processos acedam a um espaço de memória comum.

**Exemplo de utilização de memória partilhada em Unix/Linux:**

```
#include <sys/ipc.h> #include <sys/shm.h> #include <stdio.h> #include <stdlib.h>

#include <string.h> #include <unistd.h> int main() {

key_t key = ftok("shmfile", 65);

int shmid = shmget(key, 1024, 0666 | IPC_CREAT); char *str = (char*) shmat(shmid,

(void*)0, 0);


se (fork() == 0) {

// Processo filho
strcpy(str, "Hello, Parent!"); printf("Child wrote: %s\n", str); shmdt(str);

exit(0);

} else {

// Processo pai wait(NULL);

printf("Pai lido: %s\n", str); shmdt(str);

shmctl(shmid, IPC_RMID, NULL); // Destruir a memória partilhada

}

retorno 0;

}
```

**4. Tomadas**

Os sockets fornecem uma forma de os processos comunicarem através de uma rede.

**Exemplo de utilização de sockets em Unix/Linux:**

```
#include <stdio.h> #include <string.h> #include <stdlib.h> #include <unistd.h>

#include <arpa/inet.h> int main() {

int sockfd;

char buffer[1024];

struct sockaddr_in servaddr, cliaddr; socklen_t len;

sockfd = socket(AF_INET, SOCK_DGRAM, 0); memset(&servaddr, 0,

sizeof(servaddr));

memset(&cliaddr, 0, sizeof(cliaddr)); servaddr.sin_family = AF_INET;

servaddr.sin_addr.s_addr = INADDR_ANY; servaddr.sin_port = htons(8080);


bind(sockfd, (const struct sockaddr *)&servaddr, sizeof(servaddr)); if (fork() == 0) {

// Processo filho

char *hello = "Olá, Pai!";

sendto(sockfd, (const char *)hello, strlen(hello), 0, (const struct sockaddr *) &servaddr,
sizeof(servaddr));

printf("Criança enviada: %s\n", hello);

exit(0);

}
```

senão

```
{
// Processo pai wait(NULL);
len = sizeof(cliaddr);
recvfrom(sockfd, (char *)buffer, 1024, 0, ( struct sockaddr *) &cliaddr, &len);
printf("Parent received: %s\n", buffer);
close(sockfd);
}
retorno 0;
}
```

## 5. Semáforos

Os semáforos são utilizados para a sincronização entre processos para controlar o acesso a recursos partilhados.

**Exemplo de utilização de semáforos em Unix/Linux:**

```
#include <stdio.h> #include <stdlib.h> #include <sys/ipc.h> #include <sys/sem.h>
#include <unistd.h>
void sem_lock(int semid) { struct sembuf sb = {0, -1, 0};
semop(semid, &sb, 1);
}
void sem_unlock(int semid) { struct sembuf sb = {0, 1, 0};
```

```
semop(semid, &sb, 1);

}


int main() {

key_t key = ftok("semfile", 65);

int semid = semget(key, 1, 0666 | IPC_CREAT); semctl(semid, 0, SETVAL, 1);

se (fork() == 0) {

// Processo filho sem_lock(semid);

printf("Criança em secção crítica\n"); sleep(2);

printf("Criança a sair da secção crítica\n"); sem_unlock(semid);

exit(0);

} else {

// Processo pai sem_lock(semid);

printf("Pai em secção crítica\n"); sleep(2);

printf("Parent leaving critical section\n"); sem_unlock(semid);

esperar(NULL);

semctl(semid, 0, IPC_RMID); // Remove o semáforo

}

retorno 0;
```

```
}
```

Os mecanismos de IPC são cruciais para a comunicação e sincronização de processos em ambientes multitarefa. Diferentes métodos de IPC, como pipes, passagem de mensagens, memória partilhada, sockets e semáforos, oferecem várias formas de partilhar dados e recursos, cada uma delas adequada a diferentes cenários e requisitos. A utilização correta do IPC garante uma coordenação eficiente e segura entre processos.

**Referências:**

**Livros**

11. "Operating System Concepts" de Abraham Silberschatz, Peter B. Galvin e Greg Gagne
12. "Modern Operating Systems" de Andrew S. Tanenbaum e Herbert Bos
13. "Operating Systems: Design and Implementation" de Andrew S. Tanenbaum e Albert S. Woodhull
14. "The Design of the UNIX Operating System" de Maurice J. Bach
15. "Linux Kernel Development" por Robert Love

**Recursos online**

9. "A Arte da Programação Unix" de Eric S. Raymond
10. "Sistemas Operativos: Three Easy Pieces" por Remzi H. Arpaci-Dusseau e Andrea C. Arpaci-Dusseau
11. "Linux From Scratch" (Linux do zero)
12. MIT Open Courseware - "Engenharia de sistemas operativos"

# Capítulo-4 Concorrência e sincronização

## 4.1 Princípios de Concorrência

A simultaneidade em informática refere-se à capacidade de execução simultânea de várias tarefas ou processos, potencialmente sobrepostos no tempo. Os princípios da concorrência são fundamentais para os sistemas informáticos modernos, permitindo uma utilização eficiente dos recursos e melhorando a capacidade de resposta do sistema. Eis os princípios fundamentais da concorrência:

**Princípios de Concorrência**

1. **Paralelismo vs Concorrência**

o **Paralelismo**: Refere-se à execução de várias tarefas em simultâneo em várias unidades de processamento (por exemplo, processadores multicore).

o **Concorrência**: Refere-se à gestão de várias tarefas ou processos que são iniciados, executados e concluídos em períodos de tempo sobrepostos, independentemente de estar a ocorrer uma execução paralela real.

2. **Processos e tópicos**

o **Processo**: Uma instância de um programa que está a ser executado. Cada processo tem o seu próprio espaço de memória e recursos.

o **Thread**: Uma unidade leve de execução dentro de um processo. As threads partilham o mesmo espaço de memória e recursos do seu processo pai.

3. **Vantagens da simultaneidade**

o **Desempenho melhorado**: Permite a utilização eficiente dos recursos do sistema (CPU, memória, E/S) através da sobreposição da execução de tarefas.

o **Capacidade de resposta melhorada**: Permite que os sistemas continuem a responder às interações dos utilizadores e a eventos externos enquanto executam tarefas em segundo plano.

o **Modularidade e simplificação**: Decompõe tarefas complexas em unidades mais pequenas e geríveis que podem ser executadas em simultâneo, melhorando a clareza e a facilidade de manutenção do código.

4. **Desafios da simultaneidade**

o **Partilha de recursos**: Assegurar o acesso seguro a recursos partilhados (por exemplo, memória, ficheiros) entre processos ou threads em execução simultânea.

- **Sincronização**: Coordenar a execução de processos ou threads para manter a consistência e evitar conflitos (por exemplo, condições de corrida).
- **Deadlock e Starvation**: Problemas que podem surgir quando processos ou threads são bloqueados indefinidamente ou não recebem recursos suficientes para serem executados.

**5. Modelos e mecanismos de concorrência**

- **Memória partilhada**: Os processos ou threads comunicam através da partilha de um espaço de endereço comum. Requer mecanismos de sincronização (por exemplo, mutexes, semáforos) para gerir o acesso a dados partilhados.
- **Passagem de mensagens**: Os processos ou threads comunicam trocando mensagens através de mecanismos de comunicação inter-processos (IPC) como pipes, sockets e filas de mensagens.
- **Modelo de ator**: Um modelo de computação simultânea que trata os actores (unidades independentes de computação) como entidades fundamentais, comunicando através da passagem de mensagens.

**6. Técnicas de controlo da simultaneidade**

- **Exclusão mútua**: Assegurar que apenas um processo ou thread acede a um recurso partilhado de cada vez para evitar actualizações simultâneas que possam levar a um estado inconsistente.
- **Primitivos de sincronização**: Mecanismos como bloqueios, mutexes, semáforos e variáveis de condição utilizados para coordenar o acesso a recursos partilhados e gerir a ordem de execução.
- **Prevenção e prevenção de deadlock**: Estratégias para detetar e mitigar potenciais situações de deadlock, em que vários processos ou threads ficam indefinidamente bloqueados à espera de recursos detidos por outros.

**7. Concorrência na computação moderna**

- **Sistemas multicore e multiprocessadores**: Exploração do paralelismo do hardware para obter uma verdadeira execução simultânea de tarefas.
- **Sistemas distribuídos**: Princípios de simultaneidade aplicados em vários nós ou computadores ligados através de uma rede, permitindo aplicações escaláveis e tolerantes a falhas.
- **Concorrência em linguagens de programação**: Suporte para programação

concorrente através de construções linguísticas (por exemplo, threads, async/await) e bibliotecas/estruturas (por exemplo, java.util.concurrent de Java, asyncio de Python).

Compreender e aplicar eficazmente os princípios da simultaneidade é essencial para conceber sistemas de software robustos, escaláveis e com capacidade de resposta nos ambientes informáticos actuais. A gestão adequada da concorrência garante a utilização eficiente dos recursos, mantendo a correção e a fiabilidade das aplicações concorrentes.

### 4.2 Exclusão mútua e técnicas de sincronização:

As técnicas de exclusão mútua e de sincronização são conceitos cruciais na programação e nos sistemas operativos concorrentes. Asseguram que os recursos partilhados são acedidos de forma controlada e ordenada, evitando condições de corrida e mantendo a integridade dos dados. Aqui está uma visão geral da exclusão mútua e das várias técnicas de sincronização normalmente utilizadas:

#### Exclusão mútua

A exclusão mútua (frequentemente abreviada como mutex) garante que apenas um processo ou thread pode aceder a um recurso partilhado ou a uma secção crítica num determinado momento. Isto impede o acesso simultâneo que poderia levar a dados inconsistentes ou a um comportamento incorreto. Os principais aspectos da exclusão mútua incluem:

- **Secção crítica**: Uma secção de código que acede a recursos partilhados e que precisa de ser protegida para garantir a exclusão mútua.
- **Operações atómicas**: Operações que são indivisíveis e não podem ser interrompidas, frequentemente fornecidas pelo hardware ou suportadas por primitivas do sistema operativo.

#### Técnicas de sincronização

Várias técnicas de sincronização são utilizadas para coordenar a execução de processos ou threads para manter a consistência e evitar conflitos. Estas incluem:

1. **Fechaduras**

o **Mutex (Bloqueio de exclusão mútua)**:

▪ **Objetivo**: Proporcionar a exclusão mútua de recursos partilhados.

▪ **Operações**: Adquirir (bloquear) e libertar (desbloquear).

▪ **Utilização**: Garante que apenas um thread pode entrar na secção crítica de cada vez.

▪ **Implementação**: Normalmente implementado utilizando operações atómicas ou chamadas de sistema.

o **Semáforo**:

▪ **Generalização**: Estende o mutex para controlar o acesso a um número finito de recursos (por exemplo, um conjunto de conexões).

▪ **Operações**: Inicializar, Esperar (operação P) e Sinal (operação V).

▪ **Tipos**: Semáforo binário (mutex) e semáforo de contagem.

2. **Monitores**

o **Definição**: Construção de sincronização de alto nível que encapsula dados partilhados e procedimentos que operam sobre os dados.

o **Caraterísticas**: Fornece exclusão mútua automaticamente para procedimentos (métodos) dentro do monitor.

o **Utilização**: Garante que apenas um thread possa executar procedimentos do monitor a qualquer momento, simplificando a sincronização.

3. **Variáveis de condição**

o **Objetivo**: Permite que as threads aguardem que uma determinada condição se torne verdadeira antes de prosseguirem.

o **Operações**: Esperar, sinalizar e difundir.

o **Utilização**: Muitas vezes utilizado em conjunto com mutexes para coordenar threads e gerir o acesso a recursos partilhados com base em condições.

4. **Spinlocks**

o **Definição**: Mecanismo de bloqueio em que um thread efectua um polling contínuo num loop apertado ("spins") até conseguir adquirir o bloqueio.

o **Utilização**: Adequado em situações em que se espera que o tempo de espera para adquirir um bloqueio seja curto.

o **Implementação**: Pode ser implementado eficientemente em sistemas multiprocessador utilizando instruções atómicas da CPU (por exemplo, comparar e trocar).

5. **Bloqueios de leitura-escrita**

o **Objetivo**: Distingue entre operações de leitura e de escrita em recursos partilhados.

o **Caraterísticas**: Permite que vários threads leiam simultaneamente, mas garante acesso exclusivo para a escrita.

o **Utilização**: Melhora a concorrência e o desempenho em cenários com leituras frequentes e gravações ocasionais.

**Cenário de exemplo: Uso de Mutex para exclusão mútua**

```
#include <stdio.h> #include <pthread.h>


#define NUM_THREADS 5


int shared_data = 0; pthread_mutex_t mutex;


void *thread_function(void *arg) { int thread_id = *((int *) arg);


// Adquire o mutex antes de aceder aos dados partilhados pthread_mutex_lock(&mutex);

dados partilhados++;

printf("Thread %d: Dados partilhados = %d\n", thread_id, shared_data);

// Liberta o mutex depois de aceder a shared_data

pthread_mutex_unlock(&mutex); pthread_exit(NULL);

}
```

```
int main() {

pthread_t threads[NUM_THREADS]; int thread_ids[NUM_THREADS];


pthread_mutex_init(&mutex, NULL);


for (int i = 0; i < NUM_THREADS; ++i) { thread_ids[i] = i + 1;

pthread_create(&threads[i], NULL, thread_function, (void *) &thread_ids[i]);

}


for (int i = 0; i < NUM_THREADS; ++i) { pthread_join(threads[i], NULL);

}

pthread_mutex_destroy(&mutex); return 0;

}
```

Neste exemplo:

- Cada thread incrementa uma variável partilhada (shared_data) dentro de uma secção crítica protegida por um mutex (pthread_mutex_t).
- As funções pthread_mutex_lock() e pthread_mutex_unlock() asseguram que apenas uma thread acede a shared_data de cada vez, prevenindo condições de corrida.

Compreender e implementar corretamente as técnicas de exclusão mútua e de sincronização é essencial para desenvolver programas concorrentes que sejam corretos, eficientes e livres de condições de corrida ou situações de impasse. Estas técnicas fornecem os mecanismos necessários para coordenar o acesso a recursos partilhados e gerir eficazmente a concorrência em aplicações multithread.

## 4.3 Tratamento e prevenção de bloqueios:

O tratamento e a prevenção de impasses são aspectos críticos da conceção de sistemas operativos e da programação concorrente. O impasse ocorre quando dois ou mais processos ou threads não conseguem prosseguir porque cada um está à espera de um recurso detido por outro. Isto pode levar a uma paragem em todo o sistema, em que não é possível fazer progressos. O tratamento e a prevenção do deadlock envolvem a compreensão das suas causas e a implementação de estratégias para mitigar a sua ocorrência. Aqui está uma visão geral das técnicas de tratamento e prevenção de deadlock:

**Tratamento de impasses**

**1. Deteção e recuperação**

- **Deteção de impasse**:

o **Gráfico de afetação de recursos (RAG)**: Um gráfico direcionado em que os nós representam processos e tipos de recursos, e as arestas representam a atribuição de recursos.

o **Deteção de ciclos**: Se for detectado um ciclo no RAG, isso indica um potencial impasse.

o **Algoritmo**: Podem ser utilizados vários algoritmos (como o algoritmo de Banker) para detetar bloqueios, analisando a afetação de recursos e os padrões de pedidos.

- **Recuperação**:

o **Encerramento do processo**: Abortar um ou mais processos para quebrar o impasse.

o **Preempção de recursos**: Reverter e preterir recursos de um ou mais processos para resolver o impasse.

o **Retrocesso**: Anular acções e atribuições de recursos até que a condição de impasse seja resolvida.

**2. Evitar**

- **Estado seguro**: Um estado do sistema em que uma sequência de atribuições de recursos e pedidos pode ser satisfeita sem causar um impasse.

- **Algoritmo do banqueiro**: Um algoritmo de prevenção de deadlock que utiliza um algoritmo de segurança para determinar se um pedido pode ser concedido sem levar a um estado inseguro.

**Prevenção de bloqueios**

**1. Estratégias de afetação de recursos**

- **Exclusão mútua**: Certifique-se de que pelo menos um recurso não seja compartilhável para evitar que os processos sejam mantidos indefinidamente.
- **Manter e esperar**: os processos devem solicitar todos os recursos necessários antes de iniciar a execução para evitar a retenção de recursos enquanto esperam por outros.
- **Não há preempção**: Os recursos não podem ser retirados à força de um processo; devem ser libertados voluntariamente.
- **Espera circular**: Impor uma ordenação total de todos os tipos de recursos e exigir que cada processo solicite recursos numa ordem crescente de enumeração.

**2. Gráfico de afetação de recursos (RAG)**

- **Nós**: Representam processos e tipos de recursos.
- **Arestas**: Direcionadas do tipo de recurso para o processo, indicando que o processo detém uma instância do tipo de recurso.
- **Deteção**: Existe um estado de impasse se e só se o grafo contiver um ciclo.
- **Resolução**: Só pode ser resolvido através da libertação de recursos ou da preempção.

**3. Jantar Problema dos Filósofos**

- **Descrição**: Um problema clássico de sincronização que ilustra situações de deadlock e formas de o evitar.
- **Estratégias**: Utilizar técnicas como a atribuição de recursos por ordem ou soluções semafóricas para evitar o impasse.

**Exemplo de Prevenção de Deadlock (Algoritmo de Banker)** # Exemplo de implementação do Algoritmo de Banker em Python class BankerAlgorithm:

def init (self, allocation, max, available): self.allocation = allocation # matriz de afetação

[n x m] self.max = max# matriz de procura máxima [n x m]

self.available = disponível# vetor de recursos disponíveis [1 x m]

self.need = [[max[i][j] - allocation[i][j] for j in range(len(allocation[0]))] for i in range(len(allocation))]

def is_safe_state(self, process, finish, work): n = len(self.allocation)

m = len(self.allocation[0]) for j in range(m):

se self.need[process][j] > work[j]: return False

retornar Verdadeiro
def detect_safe_sequence(self): n = len(self.allocation)

m = len(self.allocation[0]) work = self.available[:] finish = [False] * n safe_sequence =

[]

for _ in range(n): found = False for i in range(n):

if not finish[i] and self.is_safe_state(i, finish, work): for j in range(m):

work[j] += self.allocation[i][j] finish[i] = True safe_sequence.append(i)

found = True break

se não for encontrado: devolver []

return safe_sequence # Exemplo de utilização

atribuição = [[0, 1, 0], [2, 0, 0], [3, 0, 2], [2, 1, 1], [0, 0, 2]]

max_demand = [[7, 5, 3], [3, 2, 2], [9, 0, 2], [2, 2, 2], [4, 3, 3]]

recursos_disponíveis = [3, 3, 2]

banker = BankerAlgorithm(allocation, max_demand, available_resources)

safe_sequence = banker.detect_safe_sequence()

se safe_sequence:

print("Sequência segura:", safe_sequence) else:

print("Não foi encontrada nenhuma sequência segura. Pode ocorrer um impasse.") Neste

exemplo:

- A classe BankerAlgorithm implementa o algoritmo de Banker para determinar se existe uma sequência de execução segura com base nas actuais atribuições de recursos e pedidos.
- Verifica se a concessão de um pedido conduzirá a um estado seguro, evitando potenciais cenários de impasse.

O tratamento e a prevenção de impasses são essenciais para manter a estabilidade do sistema e garantir o funcionamento contínuo em ambientes concorrentes. Ao implementar algoritmos de deteção, estratégias de prevenção e políticas de atribuição de recursos, os sistemas operativos podem gerir eficazmente a contenção de recursos e minimizar o risco de impasse. A compreensão destes princípios é crucial para a conceção de sistemas robustos e fiáveis que possam lidar com tarefas concorrentes sem se depararem com condições de impasse.

## 4.4 Secção crítica Problema e solução:

O problema da secção crítica é um desafio fundamental na programação e nos sistemas operativos concorrentes, em que vários processos ou threads partilham um recurso comum. Uma secção crítica refere-se a uma parte do programa em que um recurso partilhado (como uma variável, um ficheiro ou um dispositivo) é acedido e modificado. O objetivo é garantir que a execução simultânea de processos ou linhas de execução que acedem à secção crítica não conduz a inconsistências de dados ou à instabilidade do sistema. Segue-se uma visão geral do problema da secção crítica e das soluções comuns:

**Requisitos do problema da secção crítica:**

1. **Exclusão mútua**: No máximo, um processo pode estar a ser executado na sua secção crítica em qualquer momento.
2. **Progresso**: Se nenhum processo estiver a ser executado na sua secção crítica e alguns processos pretenderem entrar nas suas secções críticas, apenas os processos que não estão na sua secção restante podem participar na decisão de qual será o próximo a entrar, e esta decisão não pode ser adiada indefinidamente.
3. **Espera limitada**: Deve existir um limite para o número de vezes que os outros processos podem entrar nas suas secções críticas depois de um processo ter feito um pedido para entrar na sua secção crítica e antes de esse pedido ser concedido.

**Cenário de exemplo:**

```
// Processa P0 while (true) {

// Secção de entrada

// ...
// Secção crítica

// Aceder e modificar o recurso partilhado



// Sair da secção
```

// ...

// Secção restante

// ...

}

// Os processos P1, P2, ..., Pn seguem uma estrutura semelhante

**Soluções para o problema da secção crítica**

1. **Usando bloqueios (Mutex)**

- **Definição**: Uma primitiva de sincronização que impõe a exclusão mútua, permitindo que apenas um thread adquira o bloqueio de cada vez.
- **Implementação**: Os threads tentam adquirir o bloqueio antes de entrar na secção crítica e libertá-lo depois.
- **Exemplo**: Em C/C++, utilizando as funções pthread_mutex_lock() e pthread_mutex_unlock().

```
#include <pthread.h> pthread_mutex_t mutex;

// Inicializa o mutex na função principal ou de inicialização

pthread_mutex_init(&mutex, NULL);

// Função de processamento void process() {

// Secção de entrada pthread_mutex_lock(&mutex);

                                                        // Secção crítica

// Aceder e modificar o recurso partilhado
```

// Sair da secção pthread_mutex_unlock(&mutex);

// Secção restante

}

// Limpa o mutex na função principal ou de limpeza pthread_mutex_destroy(&mutex);

**2. Utilização de semáforos**

- **Definição**: Uma construção de sincronização que pode ser usada para sinalizar entre processos para obter exclusão mútua.
- **Semáforo binário**: Actua como um mutex (semáforo binário com valor inicial 1).
- **Semáforo de contagem**: Controla o acesso a um conjunto de recursos (por exemplo, buffers de memória partilhada).
- **Operações**: wait() (diminuir o semáforo) e signal() (aumentar o semáforo). #include

<semaphore.h>

sem_t semáforo;

// Inicializa o semáforo na função principal ou de inicialização sem_init(&semaphore, 0,

1); // 0 para threads, valor inicial 1 (comportamento mutex)

// Função de processamento void process() {

// Secção de entrada sem_wait(&semaphore);

// Secção crítica

// Aceder e modificar o recurso partilhado

```
// Sair da secção sem_post(&semaphore);

// Secção restante

}

// Limpa o semáforo na função principal ou de limpeza sem_destroy(&semaphore);
```

**3. Utilização de operações atómicas**

- **Definição**: Operações que são indivisíveis e ininterruptas.
- **Exemplo**: A operação Compare-and-swap (CAS) nos processadores modernos garante que uma variável é actualizada apenas se o seu valor corresponder a um valor esperado.

```
#include <stdatomic.h> atomic_int flag = 0;

// Função de processamento void process() {

// Secção de entrada

while (atomic_exchange(&flag, 1) == 1)

; // Roda até a bandeira ficar a 0


// Secção crítica

// Aceder e modificar o recurso partilhado

// Sair da secção atomic_store(&flag, 0);

// Secção restante
```

}

**Considerações**

- **Deadlock**: A utilização incorrecta dos mecanismos de sincronização pode conduzir a situações de impasse.
- **Inanição**: Alguns processos podem ser injustamente retardados de entrar na secção crítica indefinidamente.
- **Desempenho**: Diferentes mecanismos de sincronização têm diferentes caraterísticas de desempenho; escolha o mais adequado com base nos requisitos da aplicação.

O problema das secções críticas é um desafio central na programação concorrente, exigindo uma gestão cuidadosa dos recursos partilhados para garantir a consistência dos dados e a estabilidade do sistema. Utilizando técnicas de sincronização, como bloqueios (mutex), semáforos ou operações atómicas, os programadores podem impor a exclusão mútua e coordenar com segurança o acesso a secções críticas em aplicações multithread. A compreensão destas soluções e das suas implicações é crucial para o desenvolvimento de sistemas de software concorrentes fiáveis e eficientes.

**Referências:**

**Livros**

16. "Operating System Concepts" de Abraham Silberschatz, Peter B. Galvin e Greg Gagne
17. "Modern Operating Systems" de Andrew S. Tanenbaum e Herbert Bos
18. "Operating Systems: Design and Implementation" de Andrew S. Tanenbaum e Albert S. Woodhull
19. "The Design of the UNIX Operating System" de Maurice J. Bach
20. "Linux Kernel Development" por Robert Love

**Recursos online**

13. "The Art of Unix Programming" de Eric S. Raymond
14. "Sistemas Operativos: Three Easy Pieces" por Remzi H. Arpaci-Dusseau e Andrea C. Arpaci-Dusseau
15. "Linux From Scratch" (Linux do zero)
16. MIT Open Courseware - "Engenharia de sistemas operativos"

MIX
Papier aus verantwortungsvollen Quellen
Paper from responsible sources
FSC® C105338

Printed by Books on Demand GmbH, Norderstedt / Germany